APUNTES DE FIBROMIALGIA

ExLibric

LUZ DE MARÍA

APUNTES DE FIBROMIALGIA

EXLIBRIC

ANTEQUERA 2024

LUZ DE MARÍA

APUNTES DE FIBROMIALGIA

Prólogo

Qué difícil es sonreír cuando estás rota por dentro.

Qué difícil es estar en calma cuando el dolor es insoportable.

Qué difícil es controlar tu rabia cuando nadie te comprende.

Qué difícil es plantarle cara a esta enfermedad cuando se apodera de tu ser.

Qué difícil es vivir un brote de dolor como si no pasara nada.

¿A quién le cuentas que no puedes más?

¿A quién le cuentas que tus lágrimas son de impotencia?

¿A quién le cuentas que tu dolor te consume?

¿A quién le cuentas que tu cansancio te deprime?

¿A quién le cuentas que perdiste una parte de ti en el camino?

Sólo quién padece fibromialgia comprende de lo que hablo. Los minutos, las horas y los días de una crisis son insufribles, horribles y eternamente insoportables.

Nunca nos acostumbramos al dolor, solamente aprendemos a soportarlo.

Estas eran las PREGUNTAS que me hacía cuando en 2017 empecé a publicar en el Blog de Fibromialgia, y que me llevaron a seguir escribiendo para buscar respuestas a lo que estaba viviendo.

Han pasado seis años desde ese comienzo y, mirando atrás, me parece imposible haber llegado hasta aquí. Son muchos días conviviendo con los síntomas de la fibromialgia/fatiga crónica, miles de circunstancias y decisiones que tuve que tomar y que cambiaron mi forma de vivir la vida que tenía antes del diagnóstico.

En el libro anterior, *Mi vida con fibromialgia y otras enfermedades crónicas,* cuento mi día a día con la fibromialgia y mis otras enfermedades, desde la desesperación y el dolor, hasta las pérdidas a las que tuve que enfrentarme. En este lo que hago es plasmar cómo han sido estos años, desde el diagnóstico de la fibromialgia hasta la actualidad, y cómo ha ido cambiando mi forma de verla y lidiar con ella. También incluyo escritos que he publicado en mi blog y que forman parte de este proceso.

1

¿QUÉ ES LA FIBROMIALGIA?

La fibromialgia es una enfermedad reumática crónica caracterizada por dolor generalizado del aparato locomotor que se acompaña de cansancio intenso, disminución de la capacidad funcional, alteraciones cognitivas y del sueño, depresión y ansiedad. Las causas que originan esta enfermedad se desconocen, pero se piensa que la fibromialgia se produce por una alteración de determinados neurotransmisores del sistema nervioso, que son las sustancias encargadas de la comunicación entre las neuronas. Se sabe que existen muchos factores de tipo traumático, psicológico, infeccioso o emocional capaces de desencadenar la aparición de una fibromialgia.

También se sabe que en estos enfermos se produce una sensibilización del sistema nervioso central con activación de determinados núcleos cerebrales, hipoactividad de otros y numerosas alteraciones de los neurotransmisores cerebrales que explican bien los síntomas de la enfermedad.

Por otra parte, se han descrito varios polimorfismos genéticos asociados a la fibromialgia, lo cual justifica la presencia de familias con varios miembros afectados por la enfermedad y, por tanto, con mayor predisposición a padecerla.

Los síntomas más frecuentes son:

– DOLOR MUSCULAR, que aparece de forma crónica y puede prolongarse durante más de tres meses. Este dolor es difuso, inespecífico y afecta a muchas partes distintas del cuerpo. El dolor en la fibromialgia tiene algunas peculiaridades como alodinia (dolor por estímulos no dolorosos), hiperalgesia (dolor mayor de lo normal en relación al estímulo doloroso) y persistencia (está presente durante más tiempo de lo normal).

– FATIGA y CANSANCIO, dos síntomas que aparecen al realizar poco esfuerzo o ninguno, y no desaparece al descansar.

– RIGIDEZ: aunque esta puede aparecer como un síntoma de otras enfermedades reumáticas, al igual que la fatiga y el cansancio, tiene una serie de peculiaridades que la diferencia de otras patologías, tales como artritis reumatoide, artrosis o lupus. En este caso los pacientes pueden presentar entumecimiento, calambres en las piernas, sensación de hinchazón, agarrotamiento, contracturas musculares, movimientos involuntarios, hormigueo, temblor y sensación de bloqueo.

– TRASTORNOS del SUEÑO: las personas con fibromialgia pueden manifestar problemas para conciliar el sueño, así como despertarse repetidamente durante la noche o que el sueño no sea reparador.

– DETERIORO COGNITIVO: esta enfermedad pue-
de dificultar que el paciente procese la información, la
memorización o que se exprese verbalmente de forma
adecuada.

– ANSIEDAD y DEPRESIÓN: suelen estar vinculados con
la enfermedad; sin embargo, los especialistas no pueden
determinar si se producen antes como consecuencia de la
enfermedad o aparece durante el transcurso de la misma.
Existen, además, muchos síntomas relacionados con trastornos gastrointestinales como el intestino irritable o la
hernia de hiato; trastornos musculoesqueléticos, como el
síndrome del túnel carpiano; metabólicos, como el hipotiroidismo, y autonómicos, como los mareos, vértigos, etc.

Por otro lado, estos síntomas pueden provocar que la fibromialgia se confunda con la polimialgia reumática, una patología
que se caracteriza por dolor con impotencia funcional y rigidez.
No obstante, a diferencia de la fibromialgia, la **polimialgia
reumática** es una enfermedad inflamatoria que produce alteraciones en los análisis de sangre y tiene pruebas diagnósticas y
tratamientos específicos.

El diagnóstico

Este se realiza mediante la exploración clínica del paciente
y por la existencia de diferentes síntomas como dolor, rigidez o
trastornos del sueño, sin que exista una explicación alternativa
que justifique que se trata de otra enfermedad.

El resultado del examen físico general suele ser normal y, en la actualidad, no existe ninguna prueba de imagen o laboratorio que confirme el diagnóstico, aunque los análisis pueden ayudar a descartar otras enfermedades como el lupus, el hipotiroidismo o la artritis reumatoide.

El diagnóstico suele confirmarse cuando en la exploración los especialistas detectan un conjunto de puntos denominados puntos dolorosos a la presión que se localizan en diversas áreas del cuerpo (cuello, codo, rodilla y pelvis).

TRATAMIENTOS

Los tratamientos en la fibromialgia no son curativos, ya que se desconocen sus causas, por lo que van dirigidos a aliviar los síntomas de los pacientes. El paciente puede seguir un tratamiento con analgésicos o antiinflamatorios clásicos, o bien incorporar medicamentos moduladores del dolor como antidepresivos y anticonvulsionantes. El objetivo es mejorar el sueño, la fatiga, la depresión, los espasmos musculares y el dolor. En los casos más graves pueden combinarse varios de estos fármacos bajo prescripción médica.

TERAPIA PSICOLÓGICA

Este aspecto del tratamiento es fundamental para enseñar al paciente a afrontar de forma correcta la fibromialgia. El dolor persistente afecta al estado anímico, desarrollando síntomas ansioso-depresivos que llegan a trastornar las relaciones familiares, sociales y laborales.

Esta persistencia de los síntomas reduce la autoestima, hace que los pacientes pierdan la capacidad de concentración y existe pérdida de interés. Por estos motivos es muy importante este apoyo psicológico para enseñar al paciente correctamente su enfermedad.

La fibromialgia es una enfermedad crónica y, por tanto, se mantendrá a lo largo de la vida del paciente. En el transcurso de la enfermedad la evolución de los síntomas podrá mejorar o empeorar, dependiendo de cada caso. Una fibromialgia diagnosticada a tiempo, puesta en tratamiento y vigilada periódicamente puede conseguir una mejor calidad de vida.

Se sabe que el retraso en el diagnóstico, no hacer un tratamiento adecuado, tomar demasiados fármacos o no seguir controles periódicos ensombrece claramente el pronóstico de la enfermedad[1].

DIFERENCIAS ENTRE LA FIBROMIALGIA Y LA ENCEFALOMIELITIS MIÁLGICA (EM)/SÍNDROME DE FATIGA CRÓNICA (SFC)

La fibromialgia es una enfermedad reumática, mientras que la EM/SFC es una enfermedad neurológica. En la fibromialgia hay fatiga, pero no intolerancia al ejercicio. Es decir, una persona con fibromialgia tiene una capacidad física menor, pero tiene una respuesta normal; si hace ejercicio, su frecuencia cardíaca sube, su temperatura sube, su glucemia sube, como una persona

---

[1]   Fuente: Javier Rivera, portavoz de la Sociedad Española de Reumatología.

sana. En la EM/SFC la capacidad física está disminuida y tiene una respuesta anómala al ejercicio; en las pruebas de esfuerzo se observa que tanto la frecuencia cardíaca como la temperatura y la glucemia no suben como deberían.

Si una paciente con fibromialgia hace más de lo que debe, se sentirá peor, pero no tiene un efecto *crash,* un deterioro brusco de su enfermedad del que no se recuperará. Eso no quiere decir que con el tiempo pueda empeorar, pero de forma paulatina, y no por un sobresfuerzo.

En las pacientes con fibromialgia se recomienda el ejercicio físico moderado, aeróbico, estiramientos, porque así mejoran, siempre adaptado a la capacidad física de cada uno; sin embargo, las pacientes con EM/SFC no deben hacer ejercicio.

Si una paciente está diagnosticada de las dos, en cuanto al ejercicio, prima el diagnóstico de la EM/SFC, es decir, no se debe hacer. Por su parte, en la fibromialgia la paciente necesita reposo, pero no tiene intolerancia ortostática, no necesita imperiosamente realizar ese reposo tumbada. En la EM/SFC, la paciente ha de tumbarse, no vale estar sentada; en la fibromialgia, la preocupación, la limitación principal es el **dolor**; en la EM/SFC, la preocupación principal es la **fatiga**[2].

---

[2] Fuente: Dra. Eva Martín.

2

Me diagnosticaron fibromialgia en 2015 y, un año más tarde, fatiga crónica. 2015 fue un año de pérdidas (fallecieron mis padres), pero también de alegría (nació mi nieto pequeño). En 2016 estuve sumida en el duelo por la pérdida de mis padres y, aunque mis síntomas estaban ahí, el dolor emocional que sentía no dejaba que fuera consciente de ellos. En 2017 mi hija se separó y vino a vivir conmigo con sus dos hijos, mis nietos, a los que adoro. Convivir con mi hija y mis nietos fue agotador para mi salud física, pero, a nivel emocional, muy bueno; nos reencontramos como madre e hija y eso nos unió muchísimo.

Durante el verano de ese mismo año, los síntomas de la fibromialgia/fatiga crónica despertaron sin piedad, llevándome a urgencias varias veces y dejándome en un estado de desolación y miedo por no saber cómo lidiar con ellos. La falta de información, por un lado, y la falta de comprensión y apoyo, por otro, hacían que me sintiera completamente perdida. Me encerré en mí misma, dejando que ese dolor me consumiera.

Mis hijos siempre han sido el motivo por el cual nunca tiré la toalla; ellos me han dado la fuerza necesaria para seguir adelante. Pero en esos momentos reclamaba su cariño constantemente y no era consciente de que así los alejaba más de mí. Me sentía sola. No tenía amigas y la única que tenía vivía lejos. Las que tenía anteriormente se habían quedado por el camino por no poder seguir su ritmo. No podía hablarlo ni desahogarme con nadie. Crear la página Blog de Fibromialgia me ayudó a no sentirme tan sola y a poder plasmar mis sentimientos. Con el tiempo, el número de seguidores crecía, sus comentarios a mis publicaciones identificándose conmigo me dieron más fuerza y confianza para contar mis síntomas, sentimientos y vivencias de la enfermedad.

La fibromialgia es una enfermedad que llega a tu vida en silencio, que poco a poco te atrapa con sus síntomas hasta dejarte sin la vida que tenías antes. Es una enfermedad tan cruel que no sólo te causa dolor físico, sino también emocional. Te duele el alma del sufrimiento diario al que te somete.

Es una enfermedad invisible para los demás, porque, aparentemente, te ven bien; sólo quien convive contigo puede apreciar tus gestos de dolor, tu mirada triste, tus altibajos emocionales y la fatiga con la que realizas tus actividades. Es una enfermedad incomprendida por todo el mundo, incluso por algunos profesionales médicos; te aparta de lo que era tu entorno laboral, social y, la mayoría de veces, personal. Es una enfermedad traicionera, con episodios de brotes que no sabes cuándo ni cómo aparecerán, ni tampoco cuándo habrá una mejoría temporal. La fibromialgia es una enfermedad crónica, sin cura y sin tratamiento específico que te condena a una vida de dolor, incertidumbre y sufrimiento del que no puedes salir; sólo adaptarte a ella, porque no te queda otra opción.

La importancia de la familia en la vida de cualquier paciente es vital. Un enfermo de fibromialgia necesita que en su entorno entiendan qué es esta enfermedad y la dimensión que conlleva el dolor y la fatiga extrema. El enfermo de fibromialgia necesita de su familia **cariño**, **comprensión** y **apoyo**. Las tareas normales que se realizan en un hogar son una carga muy pesada para ellos. No es que no quieran hacerlo, es que no pueden. Su organismo se encuentra bajo mínimos y apenas les quedan fuerzas para hacer las tareas básicas para seguir viviendo.

Un enfermo de fibromialgia/fatiga crónica toma medicación que realmente no le hace nada. Es más, en muchos casos empeora la situación. Los antidepresivos reducen su capacidad y los fármacos para dormir les producen somnolencia durante el día. Estos efectos agravan la fatiga crónica. Normalmente, la persona que sufre fibromialgia era una persona vital, alegre y positiva, pero, sin saber cómo ni por qué, de repente se ve inmersa en un estado de depresión causado por tanto dolor y fatiga. Lo más importante es prestar ayuda, comprensión y apoyo al enfermo en esos días en que no puede ni moverse de la cama.

3

Hay días en los que una amanece cansada, como si hubiera estado toda la noche corriendo una maratón. Así me levanté hoy, cansada y con dolor en las piernas, y con la sensación de que no iba a mejorar. Pocas veces me dejo vencer por el desánimo, así que, después de tomar mi café, salí a la calle a hacer unas compras. Al salir de una tienda, me tropecé y me caí de rodillas al suelo. Gracias a Dios, no me hice daño, pero volví a casa desanimada y triste. Me pasé el día en el sofá envuelta en mi manta y aislada del mundo. Desde que tengo fibromialgia, mis piernas me fallan algunas veces y eso me entristece mucho, ya que caminar era una de las cosas que me hacía feliz.

La fibromialgia no es sólo dolor, fatiga, depresión, etc. Hay muchísimos síntomas que nos limitan en nuestra vida diaria. Uno de ellos es la debilidad muscular; la pérdida de fuerza en los brazos y piernas es realmente inquietante… Cuando camino, tengo la sensación de que voy a caerme, de que mis pies no van a sostenerme; me provoca torpeza en mis pasos, falta de equilibrio y la necesidad de pararme a cada momento. Cargar con bolsas es casi imposible; los brazos empiezan a dolerme tanto que tengo que dejarlas en el suelo o ir cambiándolas de una mano a otra. Y no sólo eso. A veces, no puedo abrir la puerta de una tienda con una sola mano, no tengo suficiente fuerza; la mayoría de las veces no puedo ni abrir los botes de conserva ni desenroscar la cafetera.

«Estoy cansada de estar cansada». Es la frase que más veces pienso y me repito. Cansada de tanto dolor en todo el cuerpo. Es un dolor generalizado con algún pico localizado que no se va nunca; sólo de vez en cuando disminuye su intensidad. Cansada de estar agotada siempre, a todas horas, todos los días. Es un cansancio inexplicable que te derrota, te quita las ganas de hacer cosas y, aunque descanse, no se va. Cansada de la fatiga mental o neblina que te deja noqueada; no puedes pensar con claridad ni recordar, te cansa hablar y hasta respirar. Cansada de ir de médico en médico buscando un remedio a tus síntomas sin encontrarlo. Cansada de la poca comprensión y empatía de los demás y de algunos médicos, que te escuchan sin escuchar o, simplemente, te tratan de neurótica. Cansada de escuchar que la fibromialgia mejora con ejercicio, con actitud positiva y un sinfín de remedios que no sirven para nada. Cansada de vivir sin vivir, de ver pasar los días y seguir igual. Cansada de esta soledad que nos acompaña día a día por no poder tener una vida normal.

4

La lluvia, la humedad y el frío provocan brotes de dolor intenso. Mis pies me duelen tanto que ando un poquito y parece que voy a caerme. No pude prepararme la cena, estar de pie mucho rato me era imposible; comí fruta solamente. Hace ya unos días que mis cervicales andan mal, pero hoy me duelen muchísimo; apenas puedo mantener la cabeza inclinada para escribir. El dolor y la ansiedad que me provocan hacen que me sienta vulnerable y la tristeza se apodere de mí. Conozco bien estos momentos, los he vivido otras veces y esta noche será larga. Intento serenarme y no dejar que llegue la desesperación.

La fibromialgia es difícil de explicar si no la padeces. Me levanto cada día con dolor, con el cuerpo entumecido y con el pensamiento lento. Me molesta el ruido y, si me hablan rápido, no entiendo lo que dicen. A medida que pasan las horas, los síntomas mejoran. Cuando aparece una crisis, nunca sé cuánto va a durar: pueden ser días, semanas o, incluso, meses. Hay días que no tienen sentido para mí por mucho que lo intente. El cansancio, el dolor o la fibroniebla pueden más que mis esfuerzos. Algunas veces ni siquiera voy a ser capaz de terminar una frase, se me olvidan las cosas. Cuando estoy mal, afecta a mi sueño, a mi pensamiento, a mi funcionalidad. No puedo dormir o simplemente no duermo. No puedo pensar con agudeza. Tengo dificultad para moverme. Así que todo esto me deprime, a la vez que me provoca ansiedad.

Cuando empiezo a sentir las primeras señales de que se acerca una crisis, bajo el ritmo, descanso y evito cualquier tipo de estrés, aunque muchas veces las crisis no avisan.

CAUSAS DE UNA CRISIS DE FIBROMIALGIA

La causa más común de una crisis de corto plazo puede atribuirse a los **cambios en el clima**. Las personas con fibromialgia experimentan un aumento en sus síntomas, especialmente en su nivel de dolor. En esos días en que nos sentimos medio bien es muy difícil no tratar de ponerse al día con las tareas y actividades que no hemos podido hacer y quedaron pendientes. Pero el **sobresfuerzo**, aun cuando en ese momento te sientas bien, volverá y atacará en forma de crisis.

Las crisis relacionadas con el **estrés** a menudo duran más tiempo, ya que pueden ser las más difíciles de identificar y luego encontrar la manera por la cual podemos controlar el estrés. Así como una enfermedad o lesión puede provocar la aparición de la fibromialgia, otra **enfermedad** o **lesión** puede desencadenar un brote de síntomas de la fibromialgia, incluso algo tan simple como un resfriado común. Algunas mujeres tienen brotes de fibromialgia relacionados con sus ciclos menstruales y la menopausia.

Las personas con fibromialgia son extremadamente sensibles al **frío**, al **calor**, o a ambos. Estar expuesto a esas temperaturas, incluso durante períodos de tiempo relativamente cortos, puede desencadenar un brote.

Cada vez que el sueño es interrumpido o hay cambios en los patrones normales de sueño, puede ser una señal de que un **brote** está cerca.

Aunque los cambios en los medicamentos están previstos para lograr una mejoría, a veces esos **cambios** pueden dan lugar a una crisis de sus síntomas.

Viajar no es nada fácil para alguien con fibromialgia e, incluso, el mejor **viaje** puede ir seguido por una crisis.

Las personas con fibromialgia tienen una serie de **sensibilidades**, como la sensibilidad a la luz, el ruido y los olores, que pueden desencadenar un brote.

5

Es una noche muy fría. Las predicciones meteorológicas dicen que incluso puede nevar. El frío me recuerda que vamos caminando hacia el invierno. Es la estación del año que menos me gusta, ya que es cuando peor me encuentro, sobre todo anímicamente. Sin embargo, me gusta cuando llueve; el tintineo del agua al caer, el olor a tierra mojada, el perfume que desprenden las plantas con la lluvia. También porque mis hijos nacieron en diciembre y enero. Los cumpleaños de mis hijos son para mí la celebración más importante y emotiva del año. Para ellos es un año más, pero para mí tiene un significado profundo y sentimental. Recuerdo cuando nacieron, cuando empezaron mis dolores, lo que sentía, cómo fue el parto y la sensación de ternura tan grande cuando los cogí en mis brazos y los vi por primera vez.

La fibromialgia es mucho más que dolor, fatiga, insomnio, depresión… Uno de los síntomas que más desánimo me provoca es la **hipersensibilidad**, no sólo al clima, sea frío o caluroso, a la medicación, a los sonidos y olores fuertes, sino a las **emociones**, sean positivas o negativas.

Cualquier disgusto o contratiempo me genera un estrés que me sobrepasa, dejándome bloqueada al instante para pasar a un desajuste emocional, provocándome un aumento de la fatiga física y mental. Cuando la emoción es positiva, el estrés es el mismo, solo que, en este caso, consigo estabilizarlo antes y evitar un brote de fatiga. Quien no padece esta enfermedad es difícil que pueda entender que las emociones nos puedan desestabilizar y provocar un empeoramiento de nuestros síntomas. A mí me costó mucho llegar a entenderlo y aceptarlo. Hoy en día puedo afirmarlo.

LA DEPRESIÓN Y LA FIBROMIALGIA

La depresión clínica es una enfermedad grave que nos afecta física y mentalmente en nuestro modo de sentir y de pensar. Puede además causarnos ansiedad, pérdida del sueño, del apetito, y falta de interés o placer en realizar diferentes actividades. No hay una sola causa de la depresión clínica, sino que son varios los factores que contribuyen a la depresión en las enfermedades crónicas como la fibromialgia.

La vida con fibromialgia, con síntomas que van y vienen, brotes de la enfermedad y la incertidumbre de lo que cada día traerá, puede resultar muy difícil. Es normal experimentar sentimientos de tristeza, frustración, ira o tristeza cuando se vive con una enfermedad crónica, y es normal hacer el duelo por la pérdida de la vida que teníamos antes de la fibromialgia. Es muy importante no aislarse y buscar ayuda profesional. Una de las cosas que puedes realizar para combatir estas emociones es hacer lo que más te guste, ocupar tu mente para evitar pensar o que pueda generarte ansiedad. Y si tienes que llorar, llora todo lo que puedas, pero luego levántate y sigue adelante.

6

Durante el día, las tareas u obligaciones nos distraen un poco del dolor, la fatiga, de nuestra realidad. Es por la noche cuando aparecen los miedos y la incertidumbre de cómo amaneces mañana; si las crisis por fin te darán una tregua, o podrás volver a bailar; si podrás realizar el viaje que deseas o, simplemente, recuperar un poco de la mujer que eras antes de la fibromialgia. Esta noche me acompaña la luna. Su luz brillante me hipnotiza. Siempre la miro, es como si en ella pudiera encontrar todas las respuestas a mis preguntas. Mirarla me da cierta paz y la certeza de que hay un dios que no nos abandona.

La fibromialgia llega a tu vida y arrasa con todo aquello que un día fuiste. Poco a poco, se va apoderando de tus días, llenándolos de dolor, cansancio, ansiedad y síntomas que varían, dependiendo de circunstancias como el clima, el estrés, otra enfermedad, etc. Cambia las relaciones con la familia, los amigos, el trabajo, la percepción que teníamos de nosotras mismas. No es el dolor en sí, el cansancio o todos los demás síntomas. Son las limitaciones que nos vemos obligadas a asumir las que van minando nuestra autoestima. Es incertidumbre lo que genera una enfermedad crónica sin un tratamiento efectivo.

La incomprensión que acompaña a la fibromialgia nos aísla de la sociedad. El desgaste **físico** y **emocional** que conlleva convivir con la fibromialgia nos arrebata la fuerza y la poca **energía** que tenemos. Es muy importante el apoyo emocional por parte de la familia, amigos, y la implicación de los profesionales médicos para poder lidiar con la enfermedad.

Las personas que padecemos fibromialgia libramos una lucha diaria con el dolor crónico, la fatiga, la ansiedad y la depresión. En la fibromialgia, la **ansiedad** es muy frecuente. Los pacientes se sienten constantemente nerviosos, incapaces de relajarse. Los síntomas que se tienen en la ansiedad son taquicardia, sudor, temblores, nudo en el estómago y una fuerte tensión en la mayoría de los músculos del cuerpo.

A menudo, hay también depresión asociada a la enfermedad con sensación de tristeza y desaliento, sin que exista una causa específica. Otro problema que se asocia a la fibromialgia son las **crisis de pánico**, esto es, episodios de miedo incontrolable con la sensación de que algo grave e inmediato le sucederá a la persona.

Para que disminuya la ansiedad es recomendable practicar alguna técnica de relajación. Sé consciente de tu respiración: respira profundamente por la nariz y exhala por la boca. Esta es la clave para unir cuerpo y mente. Busca puntos de apoyo: mira a tu alrededor y reconoce objetos. Luego busca uno que puedas tocar, otro que puedas oír y, por último, otro que puedas oler. Esto ayuda a enfocar tu atención. Si los síntomas persisten, hay que acudir al médico.

7

Siempre he sido una mujer coqueta y me ha gustado arreglarme. Desde que padezco fibromialgia no me siento con ánimo, pero lo hago. No puedo llevar zapatos de tacón, pero sí zapatos deportivos femeninos. Tampoco puedo ponerme ropa ajustada por la incomodidad que provoca en mi cuerpo, pero me visto con ropa actual. Cuido mi pelo y llevo un corte que me permite verme bien peinada. No puedo maquillarme, porque los productos de maquillaje me irritan la piel, pero me pongo crema hidratante con protección solar todos los días. Utilizo gafas de sol siempre que salgo a la calle; mis ojos secos y sensibles a la luz solar lo agradecen. Siempre que puedo me tomo un café en la cafetería de mi barrio. «No puedes estar tan mal cuando se te ve bien, tú no trabajas y puedes descansar». Ojalá pudiera trabajar, llegar a casa agotada, poder dormir y despertar con energía para volver a mi trabajo. Pero lamentablemente no es así, y esos comentarios duelen en el alma, aunque entiendas que la mayoría de las personas los dicen sin mala intención.

Cada día de mi vida siento dolor. No recuerdo cuándo empecé a sentirlo; mi memoria sólo recuerda dolor, cansancio y esfuerzo constante para sobrellevar mis días. A veces, intento recordar si alguna vez no me sentí así, pero no lo consigo; es como si hubiera una parte de mi vida que se borró en algún momento. Mi vida quedó estancada en un vaivén de síntomas, citas médicas y un remolino de emociones que me mantienen encerrada en mi mundo y a las pocas cosas que mi enfermedad me permite hacer.

Hace tiempo que dejé de lamentarme y enfadarme, hace tiempo que escucho mi cuerpo y dejo que él me guíe. Aprendí a que no me afectara la incomprensión de los demás; solamente yo sé lo difícil que es convivir con fibromialgia/fatiga crónica; sólo yo sé lo que me ayuda o no a sobrellevar la enfermedad. Me di cuenta de que con cada crisis que supero crecen mi confianza y mi fortaleza, y lo más importante es que aprendí a disfrutar de las pequeñas cosas que sí puedo hacer. Dejé atrás el sentimiento de culpa, empecé a quererme como soy. La fibromialgia me ha quitado muchas cosas, pero nunca me quitará las ganas de **luchar** y de intentar ser **feliz**.

La vida de una persona con una enfermedad crónica como la fibromialgia/fatiga crónica es **agotadora**, no sólo por los síntomas que nos limitan en nuestro día a día, sino porque vivir implica responsabilidades, familia, amistades, trabajo, cuidados médicos, etc.

Lamentablemente las personas diagnosticadas de fibromialgia no podemos seguir el ritmo de una persona sana. Aunque lo intentemos una y otra vez, nos quedamos fuera del rol que exige la **sociedad** actual. A los síntomas diarios de nuestra enfermedad les sumamos el sentimiento de frustración que implica no poder ser ni hacer lo que se nos pide, y es devastador para nuestra autoestima. Uno de los síntomas que se suma con el paso del tiempo es la depresión, depresión crónica causada por las limitaciones, pérdida de ilusión y motivaciones, aislamiento por falta de **empatía** y **comprensión**, impotencia por no ver resultados de mejoría en los tratamientos.

Es triste ver que, aunque se reconozca la fibromialgia como enfermedad, seguimos con los mismos tratamientos de hace veinte años: si tienes dolor, toma antiinflamatorios; si no duermes, toma somníferos; si estás deprimida, toma antidepresivos, etc. Estamos hartas de vivir así, de probar tratamientos, terapias alternativas que, al principio, parecen aliviarnos, pero a la larga seguimos igual que antes.

Los psicólogos dicen «no te encierres en ti misma, sal, relaciónate con los demás, etc.». Es lo que más desearía en el mundo, pero es imposible mantener relaciones sociales, hacer actividades en grupo…, porque no puedes cumplirlo. El dolor, la fatiga o tu estado de ánimo no lo va a permitir siempre y, entonces, la frustración y el desánimo aparecen y vas a deprimirte otra vez.

8

Estos días que he pasado encerrada en casa sin apenas salir he disfrutado de algunas cosas que no hacía. Tengo una cómoda donde guardo parte de mi ropa; en uno de los cajones guardo fotos, billetes de viajes, collares y pulseras, cartas y postales de pueblos que he visitado, etc. Lo he sacado todo y me he entretenido dejándome llevar por los recuerdos. Encontré algo que me hizo mucha ilusión: una rosa hecha con el papel de plata de una cajetilla de cigarrillos. Recuerdo perfectamente ese día después de tanto tiempo. Fue una pareja que tuve después de separarme del padre de mis hijos. La hizo delante de mí mientras me pedía que saliera con él. Me emocioné mucho al recordarlo. Hay momentos vividos que se quedan en nuestro corazón y que, al recordarlos, los volvemos a revivir. Mi gato se lo pasó en grande cuando vio la cama llena de objetos desconocidos para él.

Me propongo tantas cosas cada día que no puedo llevar a cabo como a mí me gustaría que voy perdiendo las ganas, la motivación y voy aceptándolo poco a poco con la tristeza de quien ya lo intentó muchas veces y se cansó. Necesito cada vez más tiempo para recuperar un poco de energía, energía que se acaba en pocas horas y que me deja sumida en un impás en el que el tiempo, las cosas, pasan sin mí. Ya no miro atrás, pero sí recuerdo momentos en los que hacía cosas que ahora no puedo. Lo tengo grabado en mi memoria para no olvidarlo y que me mantenga en la esperanza de que podré volver a hacerlo.

Cuando tu cuerpo está agotado, la voluntad de querer no es **suficiente**. Cualquier cosa que te propongas hacer te deja más cansada aún. Y vas dejando cosas en el día a día que se van acumulando en una lista de pendientes interminable; la mayoría las olvidas con el paso del tiempo y de las que se van sumando priorizas sólo las más imprescindibles. La fibromialgia comienza con dolores, pero con el tiempo se va apoderando de ti, limitando tu vida sin que puedas hacer nada para evitarlo. La **impotencia** es la peor de las emociones.

Con el tiempo dejas de gritar, de llorar, de contar lo que sientes, lo que te pasa, tus síntomas, tus temores, tu angustia… Estás harta, cansada de gastar energía para nada; te das cuenta de que estás sola con la enfermedad y te vuelves tu amiga, tu confidente, tu doctora… Coges el **timón de tu vida**, que es como un barco a la deriva en medio de grandes tempestades; te enfrentas a ellas, porque no tienes nada que perder (lo más valioso lo perdiste hace tiempo) y sigues día a día luchando para no se hunda. En esta lucha a corazón abierto aprendes a ser fuerte; a que tus heridas no duelan demasiado; a controlar tus miedos; a priorizar las cosas importantes; a ser tú misma con todo lo bueno y lo malo; a aceptar la realidad y a quererte, aunque no te guste el cambio que la enfermedad ha provocado en ti, porque sólo así vas a **sobrevivir** en el viaje.

9

Me levanto más tarde de lo habitual, pero mantengo mi rutina diaria del café. Últimamente me lo tomo en silencio, hace días que no escucho las noticias. Las noticias de este mundo que me ha tocado vivir me entristecen y hacen que esté angustiada todo el día. Prefiero salir a la terraza y mirar el horizonte; ver cómo las nubes ocultan a ratos el sol; escuchar el ir y venir de las personas que enfrentan su día mientras dejo volar mis pensamientos…

La fibromialgia es una enfermedad invisible; no se **ve**, pero se **siente**. Te limita, te atrapa y te aísla de las cosas que más quieres. Es una enfermedad incomprendida por los demás; te sientes sola y perdida, porque nadie entiende tu sufrimiento.

La fibromialgia evoluciona en episodios de subidas y bajadas en la intensidad de los síntomas; nunca sabes cuándo vas a tener un día estable. No puedes hacer planes en el tiempo, porque no sabes cuándo tendrás un día bueno, y cancelar un plan te derrumba emocionalmente. No puedes excederte en tus actividades; si lo haces, necesitarás unos días para recuperarte. La actitud positiva no cura, sólo ayuda a sobrellevar mejor la enfermedad. No hay una **cura**, ni un **tratamiento efectivo**, sólo medicación que ayuda a aliviar los síntomas. La fibromialgia es una enfermedad crónica, siempre va a estar ahí. Gestionar las emociones que provoca es lo más difícil.

La depresión acompaña a la fibromialgia, porque vivir cada día con dolor, fatiga, insomnio, ansiedad y otros síntomas asociados a la enfermedad agota física y psicológicamente. Sólo quien la padece puede comprenderte. Por eso, la palabra que mejor la define es «incomprensión».

Si te pusieras en mis zapatos, entenderías lo difícil que es lidiar con una enfermedad que evoluciona en periodos de mejoría y/o empeoramiento, que se asocian a ella multitud de síntomas de los cuales el dolor y la fatiga están siempre presentes. Algunos como el síndrome de colon irritable, la migraña, la niebla mental, la ansiedad o la depresión aparecen con más intensidad cuando pasamos por una crisis o brote.

Entenderías que fibromialgia es sinónimo de **incomprensión** y **soledad**, que al vivir con tantos síntomas cada día para los demás es incomprensible. Que al no sentirte comprendida te sientes sola, y esa soledad te quita la ilusión y, en ocasiones, las ganas de vivir. Que la impotencia de no poder hacer nada para cambiar la situación en la que vivimos nos consume día a día, y que, aunque nos vean fuertes y valientes, sabemos que no es así, sobrevivimos. Nos agarramos a la vida, porque en el fondo queremos vivir. Para que lo entiendas: vivimos constantemente al borde de un precipicio con miedo a caer en él. Si te pusieras en mis zapatos, lo entenderías.

10

Salgo a la calle para que me dé el aire. Ese aire que me recuerda que detrás de mi ventana hay una vida. Una vida que es limitada para nosotras. La fibromialgia nos quita la fuerza, la alegría; nos quita ilusiones, amistades… Sigo caminando y miro a las personas al pasar; unas sonríen mientras hablan, otras caminan con mirada pensativa; niños correteando en el parque, coches que circulan por las calles, y el aire que acaricia mi cara. Sigo avanzando sin rumbo, como si buscara comprender el sentido de todo esto: mi vida, la tuya, la de todos, llena de luchas y retos, de fracasos y aciertos. Me siento pequeña en esta batalla; siento que las piernas me tiemblan y el camino de vuelta se hace eterno. «Calma, respira hondo, camina despacio, llegarás». Demasiadas noches sin poder dormir bien, demasiado dolor en tu cuerpo, demasiada incertidumbre en tu mente. Llego a casa agotada; «no tendría que haber salido», me digo, pero mi corazón me recuerda que detrás de mi ventana hay vida y tengo que vivirla.

El cansancio en la fibromialgia

Cuando hablamos de cansancio, nos referimos a la falta de energía para llevar a cabo una tarea en concreto, que es muy diferente a la falta de ganas de realizarla. Aparece sin ningún tipo de esfuerzo previo con el que poder justificarlo. Es decir, sin haber hecho ejercicio físico tienes la sensación de agotamiento. Se prolonga durante muchísimo más tiempo que el cansancio común. El cansancio irá a peor después de hacer cualquier tipo de tarea, por poco esfuerzo físico que implique. El cansancio que proviene de la fibromialgia viene acompañado de una sensación de **pesadez** y de **debilidad** que dificulta la concentración e, incluso, la capacidad de memorizar de quien la padece.

LOS TRASTORNOS COGNITIVOS EN LA FIBROMIALGIA

En la fibromialgia, los trastornos cognitivos se manifiestan en dificultades para concentrarse, problemas de memoria, dificultades para encontrar las palabras y bloqueos cuando debes realizar varias tareas mentales a la vez. Vivir con este tipo de trastorno es muy complicado. Es un síntoma que te acompaña a diario y que puede empeorar con los episodios de niebla mental. La niebla no son olvidos ni descuidos, sino que la mente se queda bloqueada, nublada. Si estás en medio de una conversación, puedes oír lo que hablan, pero no llegas a procesarlo, o puedes estar conversando y, de repente, no encuentras las palabras que quieres decir, y te quedas ahí paralizada, esperando que aparezcan. Lo peor es que los demás no entienden lo que te está pasando. Tú intentas disimular, pero la angustia se va apoderando de ti. Los episodios suelen durar minutos u horas, y la sensación de pérdida de control es terrible. Lo más importante es no perder la calma y dejar que pase y vuelva el control. La niebla es un trastorno cognitivo. No se sabe la causa. La explicación que suelen dar los médicos es que el dolor y la fatiga constante provoca cansancio en el cerebro. Hay varias enfermedades que comparten este síntoma. Una de ellas es la fibromialgia, pero también el lupus, el síndrome de fatiga crónica y el hipotiroidismo.

11

Días en que la tristeza te invade y no sabes cómo deshacerte de ella. Pienso en mi mamá. Ella ya no está aquí, se fue una noche, de repente, y no pude despedirme de ella. Me quedé en *shock* durante mucho tiempo, lloré y me enfadé con la vida. Mi mamá fue una persona muy desapegada y yo desde niña sentí su ausencia. Sentía una enorme necesidad de cariño, de abrazos y besos que nunca llegaron. Fui una niña solitaria y una adolescente rebelde con el mundo que me rodeaba. De mayor, mi relación con ella era cordial, pero su desapego me rompía el alma. Por eso, cuando murió, me sentí huérfana de verdad. Mis esperanzas de encontrar a mi mamá se desvanecieron y esa niña tuvo que sacar todo su dolor.

La fibromialgia aparece de golpe en tu vida y te cambia todo en un momento. No sabes cómo, dónde, ni por qué. Hay días que quiero recordar cómo era un día sin dolor, cómo me sentía. No puedo recordarlo y me entristece. Sólo sé que no tenía dolor y que ver sonreír, cantar o bailar a las demás personas, me digo, «así debía de ser yo, aunque no lo recuerde». Ahora soy otra persona, estoy conociéndome y aún no me acepto. No me gustan las cosas que tengo que hacer para lidiar con el dolor. Mi frustración me vence muchos días. Y los días que controlo estas emociones, siento un vacío enorme, como que me han quitado parte de mi vida. Cuando se vive con dolor crónico todos los días, la tristeza nos visita y no siempre podemos con ella.

Para animarte te dicen «eres fuerte, tú puedes con la fibromialgia». Claro que podemos, podemos porque no tenemos otra opción. No escogimos padecerla y luchamos cada día por tener una vida. La tristeza se refleja en cada una de las cosas que para los demás no requiere ningún esfuerzo y para nosotras sí. Para nosotras todo es un reto. Cuando logramos tener un día «normal», lo agradecemos, y cuando no lo logramos, nos venimos abajo. La fibromialgia es una enfermedad de subidas y bajadas. El camino siempre es el mismo, no hay **desvíos**.

Seguimos un poco más cansadas, algo más doloridas, con menos ilusiones, más conscientes de nuestra realidad, exprimiendo cada instante de felicidad, agarrándonos a los momentos de paz y, sobre todo, a esa fuerza inexplicable que nos empuja a seguir cada día. Al principio de la enfermedad, te sientes muy perdida, desconoces los síntomas, te asustas con cada síntoma nuevo, las limitaciones que van apareciendo te bloquean, surgen los miedos y las preocupaciones.

Cambiar tus hábitos y tu forma de ver la vida es durísimo. Es una época de transición muy complicada en la que no te reconoces, tienes que construir una nueva vida para ti. Nunca llegas a aceptar completamente tu situación actual, pero sí aprendes a gestionarla con el paso del tiempo, porque sabes que es lo más conveniente para manejar la enfermedad.

Hace pocos días que hemos entrado en otoño, dejando atrás los meses de calor asfixiante (a mí, personalmente, me dejan derrotada) para adentrarnos en unos meses con un clima más estable hasta que llega el invierno con el frío y la humedad que tanto nos afecta. Este es otro inconveniente que tiene la fibromialgia: cada estación los síntomas fluctúan de forma distinta, con lo cual también necesitamos un tiempo de adaptación.

12

No me gustan los días de viento, me alborotan los sentidos. Cierro las ventanas y miro a través de ellas cómo el viento juega con las hojas secas de los árboles. Acaricio a mi gatito, que no ha querido salir a la terraza. A él tampoco le gusta este tiempo. Me preparo un café calentito para entrar en calor.

Siempre batallando con nuestros síntomas y con las responsabilidades diarias de nuestra vida. Dicho así, parece sencillo, pero no lo es. El esfuerzo que hacemos cada día es algo que sólo las personas que padecemos esta enfermedad comprendemos. Ayer tenía cita con mi doctora de cabecera. Ella no estaba, algo que viene ocurriendo últimamente y que me provoca bastante inseguridad al no conocer quién me va a visitar. Había un sustituto, un doctor que, muy amable, me preguntó en qué me podía ayudar. Estaba nerviosa y me quedé sorprendida al ver cómo me prestaba atención. Empecé a explicarle que venía por los resultados de la analítica del tiroides, y para cambiar una medicación que no me sentaba bien. Mientras me hablaba, me fui relajando. El resultado de la analítica estaba bien, y me cambió la medicación por otra más suave. Hasta ese momento, no pronuncié la palabra «fibromialgia». Con la excusa del cambio de medicación le comenté que desde el diagnóstico no tolero bien los medicamentos. Él me explicó que la mayoría de las personas con fibromialgia/fatiga crónica tienen esa sensibilidad a los medicamentos y que a veces es difícil encontrar uno que funcione. En ese momento me vinieron a la mente todas las veces que algún médico no prestó atención a la fibromialgia, todas las lágrimas derramadas por hacerle entender que tenía dolor, cansancio, depresión, etc. y que era por la fibromialgia, no por mis otras enfermedades autoinmunes; que no era psicológico, que era muy real, y que el hecho de no creernos sí que nos causaba un daño emocional. Me dio cita para diciembre, para ver cómo me iba la nueva medicación, y cita mañana con la enfermera para control de la tensión, etc.

Salí de la consulta satisfecha, con los informes y las citas en la mano. Miré la de mañana con la enfermera y leí «fibromialgia». Es la segunda vez que en una cita médica ponen «fibromialgia». Fue increíble la sensación de alegría que sentí al verlo. Es muy importante para los pacientes de fibromialgia/fatiga crónica que se nos reconozca como enfermedad crónica y, como toda enfermedad crónica, requiere de controles periódicos.

«¡Tienes que ser positiva!», una frase que escuchamos a menudo y que, seguramente, las personas que nos la dicen lo hacen de corazón y convencidas de que es lo que realmente nos va a ayudar.

Cuando padeces una o varias enfermedades crónicas es imposible ser positivo. ¿Cómo vas a ser positiva en los momentos en que tu cuerpo este dolorido, fatigado, y no tienes ganas de nada? **No se puede**. Lo que ayuda es la actitud con la que enfrentamos los síntomas de la enfermedad y los episodios de crisis. La fibromialgia no sólo es dolor y cansancio, es mucho más, y afecta muchísimo al estado anímico. A veces, sin motivo aparente estás con el ánimo por los suelos y por mucho que quieras no puedes cambiarlo. No te sirven las palabras de ánimo, pero sí va a ayudarte tu **actitud**.

Cuando aceptamos que vamos a tener muchos días de dolor, cansancio y desánimo, también aprendemos que en los días malos no tenemos que luchar contra ellos, ni esforzarnos más, ni ignorarlos, ni compadecernos, ni angustiarnos; sólo **dejar que pasen**.

13

A esta hora desearía estar durmiendo, pero sigo despierta, escuchando el sonido de la lluvia. La lluvia me trae lindos recuerdos: conversaciones acompañadas de un café con leche calentito, tardes de sofá envuelta con una manta leyendo un libro, salidas de noche después de la lluvia en busca de caracoles o, simplemente, la maravillosa sensación de escuchar cómo llueve desde la cama.

A veces, necesito alejarme de todo. Las circunstancias me sobrepasan, no soy capaz de enfrentarme a ellas. Mi fatiga mental me lo impide, es como si mi mente no fuera a aguantar más y explotara. En estos momentos tienes miedo, pánico, te sientes tan vulnerable, tan sola ante lo que te ocurre… Sólo deseas encerrarte a oscuras, cerrar los ojos y dejar que tu mente descanse, olvidarte de todo.

Sabes qué es lo que necesitas, pero al mismo tiempo dejas de hacer cosas que deberías, y eso te hace sentir muy mal. Es una lucha continua entre lo que debes y lo que necesita tu mente.

¿Cómo llegas a este punto de fatiga? ¿Qué es lo que provoca este agotamiento mental? Hay varios factores. Uno de ellos es no dormir en condiciones. Otro sería un disgusto o una preocupación a la que no dejas de darle vueltas. También la niebla mental, los sonidos fuertes y las luces brillantes pueden causar este tipo de fatiga, llegando a alterar tu mente, hasta el punto de tener que salir corriendo de ese lugar.

Todo es tan complicado que resulta difícil que alguien lo entienda, y eso es lo más doloroso de esta enfermedad. Unos días de tregua, días llevaderos en que me olvido de la fibromialgia, que hago cosas útiles, que me siento feliz. Una noche sin dormir, un disgusto o no. A veces no hay un motivo aparente, y vuelves otra vez al círculo del dolor, la fatiga, el insomnio y la depresión. Es como luchar contra algo ante lo que, de antemano, tienes la batalla perdida. Lo único que puedes hacer es asumirlo, descansar, esperar que pase… De lo contrario, tu fatiga empeorará, y no desesperarte, porque, si lo haces, la ansiedad aumentará.

En un **brote** de fibromialgia, la intensidad del dolor o la fatiga aumenta y, como consecuencia de este aumento de los síntomas, aparecen el insomnio, la neblina mental, la migraña, los episodios depresivos, y si padeces síndrome de colon irritable, puede empeorar la sintomatología. Desde el diagnóstico de la fibromialgia han pasado ocho años, años de **aprendizaje**, de aprender a conocer mis síntomas, de aprender a gestionar mi vida, de cambiar hábitos, de alejarme de las cosas o personas que me provocaban estrés. Estrés, una de las causas que empeora la fibromialgia, quizás la que más. No es fácil deshacerte de rutinas que adquirimos durante años. Resulta complicado dejar atrás cosas que amábamos, pero que en nuestra condición no ayudan.

Sobresfuerzo, otra causa de empeoramiento de los síntomas. Al principio del diagnóstico, todas nos hemos esforzado en seguir haciendo lo mismo de antes. «La fibromialgia no podrá conmigo». ERROR. Sí va a poder contigo, tarde o temprano. Es importantísimo aprender a descansar cuando sintamos la primera señal de cansancio. Obligarnos a no parar agravará los síntomas.

Alimentación. No existe una dieta específica para la fibromialgia, no la hay, pero una dieta equilibrada en la que abunden las verduras, frutas, pescado, carnes blancas, huevos y algo de legumbres, lácteos y hortalizas es la más recomendable para el buen funcionamiento del sistema inmunológico.

Sueño. Los trastornos del sueño son un síntoma de la fibromialgia y una de las causas de que el dolor, la fatiga, la ansiedad y la niebla mental aumenten. Es importante encontrar la forma de poder dormir las horas necesarias. Hace falta tiempo, pasar por brotes para ir conociendo nuestros síntomas, para descubrir lo que nos hace bien y lo que no, para aprender a convivir con la fibromialgia.

14

La enfermedad

La fibromialgia es una enfermedad crónica que no tiene cura. Aparece en tu vida y te deja noqueada. No es un síntoma ni dos ni tres. Son muchísimos síntomas que se alternan. Depende de… no se sabe. Puede ser el clima, el estrés, el sobresfuerzo físico o mental; no podemos saberlo con exactitud ni predecir cuándo los síntomas van a estallar y dejarte apaleada. Me sigue enfadando que haya profesionales médicos que duden de esta enfermedad, que no comprendan la hipersensibilidad al dolor, al esfuerzo, al clima, a las luces y sonidos, a la fatiga.

Cuando te escuchan e intentan convencerte de lo contrario y, sobre todo, cuando utilizan el término emocional es que no puedo con ello. **No es un problema emocional ni psico-lógico**. Claro que emocionalmente estamos mal. Quién no lo estaría con este vaivén de síntomas y encima que no te crean y tengas que demostrar que estás mal, que no puedes hacer más de lo que haces, que no puedes con tu vida la mayoría de los días. Y luego están esas palabras que hieren: «ponle voluntad», «sé positiva», «piensa en cosas alegres». **No se puede**. Cuando tu cuerpo grita dolor y tu fatiga te tira en la cama, alguien cree o piensa que los enfermos de fibromialgia/fatiga crónica quere-mos estar así, que queremos perder parte de nuestra vida porque sí, porque somos unas quejicas y no tenemos voluntad. No es cuestión de voluntad, ni de pensar en positivo. **Es simplemente dolor, cansancio y agotamiento** de querer y no poder. La fibromialgia es invisible (odio esta palabra). Es muy **visible** y **real** para quienes la padecemos.

Lo más triste de padecer una enfermedad como la fibromialgia es el sufrimiento emocional cuando te das cuenta que aquellas cosas que hacías hace un año, dos a lo sumo, ahora no llegas, ahora no puedes, y por mucho que te esfuerces acabas tan agotada física y mentalmente que ya ni siquiera puedes con las que hacías unas semanas atrás. Con cada sobresfuerzo, cada crisis, cada año que pasa te limita más y más sin que puedas detenerlo. Si a todo esto le sumas enfermedades que con el tiempo van apareciendo es realmente agotador y desolador. Leo muy pocos artículos sobre la fibromialgia. Me da mucha rabia e impotencia cuando dicen que no es una enfermedad progresiva. Hay periodos que parece que los síntomas de la fibromialgia se estancan y puede dar la sensación de mejoría, pero es algo temporal, y cuando aparece otra crisis, te da de frente y ves la cruda realidad, vuelves a estar igual o peor que antes de la susodicha crisis.

Es durísimo ver como en el fondo estás sola ante la enfermedad, no sólo por la incomprensión de los demás, sino porque no hay tratamiento, no hay suficientes médicos formados para ayudarnos a sobrellevar la fibromialgia, y eso es aterrador. Cuando llevas mucho tiempo sufriendo esta enfermedad, sabes a ciencia cierta que las palabras de ánimo, las buenas intenciones, los tratamientos mágicos se quedan en el aire, mientras tú vas arrastrando tu vida como puedes. Los pacientes de fibromialgia no buscamos compasión, no vamos de víctimas; la mayoría hemos sacado nuestra familia adelante hasta que la fibromialgia secuestró nuestra vida. Las personas que padecemos fibromialgia necesitamos soluciones para sobrellevar esta enfermedad con una mejor calidad de vida.

15

Releer

Cuando releo los primeros escritos que hice al poco tiempo del diagnóstico, me reconozco en ellos, pero ya no soy esa misma persona. Esa candidez, ingenuidad, ilusión y esperanza que sentía en esos momentos no las he recuperado. Me entristece recordarme. Me gustaba cómo era, siento añoranza de esa mujer en muchos momentos de mi vida actual. Sólo muy de vez en cuando hay alguna circunstancia que me hace reaccionar así. Querría atraparla, congelarla para que durara más tiempo. Te endureces, te cambia el carácter. Aunque intentes disimularlo, estás irritable, no disfrutas igual de los momentos felices. El dolor y la fatiga siempre están ahí, y otros síntomas que vienen y van, la mayoría de veces en los momentos más inoportunos.

«Aceptar». Odio esta palabra y la odiaré hasta que muera. Aceptar que tu vida ha cambiado y nunca será como la que tenías antes es muy duro. Aceptas algo si es beneficioso para ti, pero cuando no lo es, no lo aceptas. Me gusta más decir que asumimos que nuestra vida va a ser distinta, que este proceso no terminará nunca, que vamos a tener que ir asumiendo cambios a medida que nuestra enfermedad o enfermedades puedan empeorar, y eso es difícil para cualquier persona. Hay enfermedades crónicas que con tratamiento te dan treguas para recuperar por semanas o meses tu vida, pero en el caso de la fibromialgia/fatiga crónica no es así. Puedes tener épocas de mejoría, pero los síntomas siguen estando ahí, con menos intensidad y puede darte un pequeño respiro. El problema es que con el tiempo vas arrastrando más y más cansancio físico, sobre todo mental, y vas perdiendo fuerzas y motivación. A consecuencia de esto, los episodios depresivos son frecuentes y pueden derivar en una depresión crónica. Estamos en agosto, con temperaturas altísimas y muchísima humedad. No puedo con mi vida. Apenas he podido publicar en el blog; la poca energía que tengo la dedico a hacerme la comida, ordenar la casa, ir a la compra y algún día a ver el mar. El mar es vida. Por eso, siempre que puedo, voy a verlo. Estar ahí, mirando el horizonte, me da paz.

No duermo bien y me levanto con la mente emborronada, esa niebla mental que no desaparece en horas y que te impide pensar y dar órdenes a tu cuerpo para que reaccione. La niebla es como si la mente estuviera cansada, fatigada y no funcionara por mucho que tú quieras. En la época de calor y humedad es cuando más me dan estos episodios de niebla, no es sólo por no dormir en condiciones.

Sigo dispersa. Empiezo a hacer algo y me voy a otra cosa, es desesperante. Al principio, me angustiaba muchísimo y esa angustia me generaba ataques de ansiedad y pánico. Yo los llamo «días perdidos», porque no puedo hacer nada productivo. La fatiga física es distinta. Puedo sentir cansancio extremo, pero puedo hacer cosas sin extralimitarme, porque mi mente está clara y controla mis movimientos. Además, una vez que mi cuerpo ha llegado al límite, puedo leer, ver una serie o, sencillamente, pensar y organizar cosas para cuando no esté con un brote de fatiga. Los brotes o crisis son un aumento en la intensidad de algunos síntomas que ya tienes a diario o alguno que aparece sólo en los días de brote.

Cuando empecé con los síntomas de la fibromialgia/fatiga crónica, las crisis eran más agudas. La diferencia de los días de brote a los días llevaderos era abismal. Sin embargo, a partir del segundo o tercer año del diagnóstico, no lo recuerdo exactamente, los días de crisis y los llevaderos empezaron a ir de la mano. Quiero decir que los síntomas de un brote no eran tan intensos y los de los días llevaderos aumentaron en intensidad, con lo cual la sensación era de que los síntomas se habían cronificado. También pensé que era debido a la pandemia, al pánico que pasamos por miedo a contagiarnos del virus, a la incertidumbre de no saber cuándo volvería la normalidad.

Estuvimos meses sin poder acudir a nuestros controles médicos, y si te encontrabas mal, tampoco podías ir a tu médico. Fue horrible lo que vivimos. Todavía hoy, cuando lo recuerdo, no sé cómo pude sobrellevar esa situación estando sola y sin poder ver a mis hijos y a mis nietos. Cuando volví a mis controles médicos llevaba más de un año sin analíticas, pruebas, etc. Han transcurrido dos años, tiempo suficiente para recuperarse del estrés que padecimos. Mis analíticas y controles médicos salen normales y, sin embargo, mis síntomas siguen igual que hace tres años, lo que me lleva a pensar que no habrá treguas entre brote y brote como las había en los primeros años del diagnóstico.

16

SEPTIEMBRE

Es un mes que me gusta mucho. El clima es más estable. Es un nuevo comienzo después del calor agotador del verano, cuando es imposible seguir una rutina tan necesaria para mi estabilidad emocional. Estoy sentada en una terracita tomando café y dejando fluir mis pensamientos. Los primeros años desde el diagnóstico, los síntomas me acobardaron; dejaba de hacer cosas en el momento que el dolor o la fatiga aparecían y sentía cómo la ansiedad o el pánico se apoderaba de mí. Me recluía en esa burbuja y me sentía protegida. Mi mente no alcanzaba a más, sólo quería aislarme.

Salía a comprar y volvía enseguida, porque me daba miedo no poder llegar a casa. Estar como ahora, tomando un café tranquilamente, era imposible; me molestaban las conversaciones de los demás, los ruidos de la calle; tenía que salir corriendo de ahí y refugiarme en casa. Vencer ese miedo no fue fácil. Siempre he vivido sola desde que me separé de mi marido. Estaba acostumbrada a salir adelante sin ayuda. Sí que necesité ayuda muchos días en los que no me veía capaz de salir siquiera a la compra, porque mi inestabilidad, los mareos y la ansiedad me paralizaban. Pero reconozco que mi forma de ser y el hecho de vivir sola ayudó bastante a ir venciendo ese miedo. En los días de crisis, que los hay y muchos, es cuando vuelvo a sentirme pequeña, a posponer cosas y a no exigirme demasiado. No lo consigo siempre, pero son más las veces que lo hago que las que no. Cuando no puedo, las emociones negativas vuelven a controlarme y a desestabilizarme, y eso me sigue dando mucho miedo, miedo a que mi estado anímico empeore y no sea capaz de volver a manejar mi día a día. El estado anímico de una persona con fibromialgia es lo más importante para poder lidiar con la enfermedad.

Estos dos últimos años también he conseguido ir a las citas sin miedo. Recuerdo que cancelaba citas, porque me sentía fatigada, dolorida, con episodios de neblina, y que la noche anterior no podía conciliar el sueño. El miedo a un nuevo diagnóstico o un empeoramiento de mis enfermedades me generaba pánico. Y sí, hubo nuevos diagnósticos y empeoramientos, pero creo que el proceso de ir aceptando las circunstancias que vas viviendo y las veces que pudiste con ellas te hace más fuerte, más consciente y, sobre todo, te ayuda a no tener miedo a lo que pueda pasar.

Al ser una enfermedad que no sabes cómo vas a estar mañana o ni siquiera al cabo de unas horas (ahora estoy en un momento llevadero, pero todo puede cambiar de un momento a otro y no ser capaz de moverme por el dolor o la fatiga, o que mi mente se nuble y no pueda seguir escribiendo), la fibromialgia te crea mucha incertidumbre. Lo imprevisible de la enfermedad es lo responsable de este miedo del que hablo, además de ser una enfermedad sin un tratamiento específico y que pocos profesionales médicos están familiarizados con ella.

Salí de la consulta satisfecha no porque todo estuviera bien, sino por la sensación de no haber sentido miedo ni antes de entrar ni cuando estaba dentro (sensación de volver a ser tú, de no tener que esforzarte, de no estar tensa, es una sensación maravillosa). Cuando decidí dejar de cancelar citas e ir a la consulta, estuviera bien o mal, hubo días complicados; no es lo mismo ir con síntomas llevaderos que con una crisis.

En los días de crisis olvidaba lo que quería decirle, o estaba angustiada por el dolor que sentía y no entendía lo que me estaba diciendo. Volvía a casa desanimada, pero seguí yendo a todas las citas. Esto me ayudó a tener más confianza. Busqué la forma de no olvidarme de lo que quería decirle, anotando síntomas y cosas que quería preguntarle. También dejé de tener miedo a volver a preguntar si no había entendido lo que me había dicho. La confianza la perdemos al ver limitadas nuestras facultades; nos sentimos pequeñas, inútiles, no válidas, y eso es horrible.

Volver a confiar en ti es tan importante como vencer el miedo, pero tampoco resulta fácil. Es un trabajo mental de tiempo, de querer no sentirte así, de buscar la manera de recuperarla. Yo empecé poniéndome pequeños retos, retos tan simples al principio como leer dos o tres páginas de un libro, dar un paseo de diez o quince minutos, etc. Poco a poco, vas ganando confianza cuando logras lo que te propones, aunque lo más importante es no rendirse nunca. Habrá días que no lo conseguirás y querrás tirar la toalla. Durante estos años he tirado la toalla en muchas ocasiones, he llorado de rabia, me he compadecido, pero después he vuelto a la carga, a la lucha diaria para sobrevivir.

17

Soledad

La mayoría de las personas entiende que sentirse solo es estar sin amigos o sin pareja, como si la soledad tuviera que ver con estar acompañado o no. La soledad de los que padecemos fibromialgia va más allá de estar en compañía de alguien; es una soledad interior, un vacío en el alma, causado por la falta de un reconocimiento de esta enfermedad. Es la impotencia de verte atrapada en una multitud de síntomas que no desaparecen; es la falta de empatía y comprensión que rodea a las enfermedades que llamamos invisibles, porque no se cualifican como enfermedades reales.

En mi libro *Mi vida con fibromialgia y otras enfermedades crónicas* hablaba de dos tipos de soledades: la impuesta y la escogida. Cuando una enfermedad te limita en tu día a día tanto a nivel familiar y social como laboral, la soledad te va rozando a medida que pasa el tiempo. Al principio, intentas adaptarte a las circunstancias, esforzándote para no perder el trabajo, las amistades, el cariño de los tuyos, pero los síntomas te van limitando. Tu autoestima y tu estado anímico ya no son iguales; la depresión, en la mayoría de los casos, aparece como otro síntoma más. En este punto es cuando te das cuenta de que los demás no te comprenden, no pueden comprender el vaivén de síntomas de esta enfermedad y te sientes sola y pérdida. Intentamos explicar cómo nos sentimos, buscamos comprensión y una salida a este sufrimiento, pero no la encontramos.

Este proceso es muy doloroso. Te encierras en ti misma. Los sentimientos de frustración, rabia e impotencia se apoderan de ti. No ves salida a este sufrimiento, y la única que encuentras es aislarte de los demás, para no ser juzgada, incomprendida y apartada del rol de la sociedad. Puedes quedarte ahí (es una forma de protegerte, de no dejar que te hagan daño, de vivir en un minúsculo mundo apartado de la sociedad), pero también puedes seguir siendo parte de ella, asumiendo tus limitaciones, enfrentando tus circunstancias y luchando dentro de tus posibilidades para no perder esa parte de ti que te define como persona, como parte integrante de la sociedad.

Personalmente, he pasado por todos los estados: sentirme completamente perdida ante una sintomatología que me desbordaba y aislarme de todo para no sentirme frustrada e incomprendida; darme cuenta de que el aislamiento me deprimía, me hacía sentir inútil como persona y anímicamente me sentía igual de frustrada. Pero no sabía cómo encontrar un equilibrio que me permitiera sentirme útil, sentirme integrada en la sociedad, sin que mis limitaciones me lo impidieran.

Escribir el libro *Mi vida con fibromialgia y otras enfermedades crónicas* fue una liberación. Poder expresar a los demás mis sentimientos, mis preocupaciones y, sobre todo, dar a conocer parte de mis enfermedades crónicas hizo que recuperara mi autoestima y una parte de mi vida que había perdido al tener que dejar de trabajar, la de sentirme útil. Todo esto contribuyó a que me planteara cómo sobrellevar la fibromialgia, a darme cuenta de que necesitaba vivir nuevas experiencias, alimentarme de ilusiones para no caer en ese pozo profundo al que sin quererlo nos vemos abocadas. No es fácil tener la valentía de lanzarte a ello cuando te has acostumbrado a estar en esa burbuja protegida de lo que te daña. Pero cuando lo haces, cuando te enfrentas a ello sin miedo, conociendo tus límites, sabiendo que habrá caídas, retrocesos y momentos de dudas, consigues quitarte un gran peso de encima, una losa que me ahogaba y no me dejaba vivir.

18

ELEGIR

Elegir entre sentirte enferma y conformarte en este estado asumiendo totalmente tus limitaciones, o desechar este sentimiento e intentar alcanzar, aunque sea por unos instantes, una cierta normalidad como las personas sanas es una decisión personal. Nunca me ha gustado sentirme ni parecer enferma. Seguramente sea porque desde muy joven he tenido problemas de salud.

Cuando me diagnosticaron lupus y Sjögren tenía treinta y dos años, y recuerdo que me dolía en el alma cuando alguien de mi entorno utilizaba la palabra «enferma» como disculpando el que no pudiera hacer algo o el hecho de no contar conmigo por estar enferma. Creo que estas actitudes reafirmaron más la necesidad de ocultar mis enfermedades; de hecho, se lo oculté a todos, incluso en los trabajos que tuve; sólo mi familia sabía que las padecía. En casa, en mi matrimonio, con mis hijos; no podía disimular, aunque quisiera. El dolor, la fatiga y los episodios depresivos que padecemos, al ver que no podemos con todo, van minando la autoestima y alimentando el sentimiento de inferioridad. En mi primer libro cuento esa época, las circunstancias que vivimos y lo doloroso que fue, sobre todo para mis hijos. A los cuarenta y dos años tuve que dejar de trabajar. Un diagnóstico más, hipertiroidismo, que dio lugar a una terapia de yodo reactivo para controlar los síntomas. Sentí que el mundo entero se derrumbaba ante mí. ¿Qué iba a hacer con mi vida? ¿Cómo asumirlo? ¿Cómo seguir adelante?

Me vino bien poder descansar, dormir más y estar tranquila. Los síntomas mejoraron, pero no lo suficiente. Y aunque el diagnóstico de la fibromialgia llegaría doce años más tarde, hoy creo que en ese momento la sintomatología ya era compatible con la fibromialgia. En mi libro anterior afirmo «creo que la padezco desde pequeña» y, hoy en día, sigo pensándolo.

Las circunstancias que fui viviendo ayudaron a ello. Me sentía muy sola, incomprendida y perdida. Desarrollé la capacidad de evadirme de la realidad. Mantenía los pies en la tierra en cuestiones familiares y médicas, pero, en cuanto a todo lo demás, vivía en un mundo de fantasía constante. Era mi forma de protegerme, de no querer asumir mi realidad, porque me dolía demasiado. Llegó la menopausia y, con ella, un descontrol de todos mis síntomas más algunos nuevos. El diagnóstico no tardó en llegar una vez controlados los niveles de mis otras enfermedades: fibromialgia y fatiga crónica. Con estos diagnósticos mi vida se rompió en mil pedazos. Lo que hasta entonces había sido capaz de sobrellevar, disimular e ignorar, ahora no podía. Necesitaba contarlo, gritarlo, llorarlo; necesitaba comprensión, ayuda, apoyo y cariño. No lo encontraba y eso me generaba más angustia. Tardé mucho tiempo en darme cuenta de que sólo yo podía salir adelante. Tenía dos opciones: lamentarme y quedarme recluida en ese estado o asumir mi realidad y enfrentarla. Elegí enfrentarla, elegí vivir cada momento que le pudiera quitar a mis enfermedades y disfrutarlo.

19

AFRONTAR

Afrontar la fibromialgia es muy complicado. Pasamos por distintas etapas y un remolino de emociones. Cuando llega el diagnóstico, llevas mucho tiempo sintiéndote mal y sin saber el porqué de tu malestar. Al principio, te sientes aliviada, le pones un nombre a lo que te pasa, pero a partir de entonces empieza un camino de incertidumbre, de tratamientos y alternativas que, en la mayoría de los casos, no son efectivos y te hundes. Aparecen la decepción, la tristeza y la impotencia. A todo esto hay que sumarle las limitaciones que te genera la enfermedad y que afectan en la forma de relacionarte con tu entorno. Son días, meses e, incluso, a veces años en los que te sientes atrapada en un callejón sin salida.

La incomprensión de los demás se instala en tu vida. Es difícil que alguien que no padezca fibromialgia pueda comprender los síntomas de esta enfermedad, y tú lo que necesitas es comprensión, porque ni tú misma entiendes lo que te está pasando. En esta fase me sentía tan perdida, tan vulnerable… Me aislé de casi todo. No podía, no sabía cómo enfrentarme a lo que estaba viviendo. Necesité tiempo, tiempo para comprender los síntomas de la fibromialgia, para comprender cómo reaccionaba mi cuerpo ante ciertos estímulos y qué podía hacer para aprender a sobrellevarla. Cuando eres consciente de tu realidad, asumes que tienes que cambiar o dejar de hacer algunas cosas. Es una etapa de duelo en que los sentimientos te superan. Empezar de nuevo, construir otra vida distinta a la que estabas acostumbrada es doloroso y no sabes cómo llenar los huecos de las cosas que ya no puedes hacer. Todo lo que hacía formaba parte de mi personalidad y encontrar algo con lo que me identificara era sumamente difícil. En ese momento creía que era imposible.

Publicar en el Blog de Fibromialgia me ayudó mucho, sobre todo a creer en mí misma, en lo que estaba sintiendo y viviendo. Verte reflejada en otras personas hace más llevadero tu dolor, tu enfermedad, pero no basta. La pérdida de trabajo, de amistades, de parejas, etc., a causa de las limitaciones de la fibromialgia, genera un sentimiento de frustración. Ya no eres válida para seguir el rol que te exige la sociedad. Cuando escribía mi primer libro, había asumido mi enfermedad, la había enfrentado y había buscado la mejor forma de poder sobrellevarla, pero necesitaba avanzar, llenar mi vida de proyectos e ilusiones.

Recuerdo con emoción el momento en que la editorial ExLibric me dijo que iba a publicar mi libro. No sé describir con palabras los sentimientos que afloraron dentro de mí, pero lo que sí puedo decir es que fue el comienzo de un cambio en mí. No quería quedarme en esa zona de confort en la que estaba protegida del mundo exterior; quería vivir, arriesgar, perder, ganar; en definitiva, volver a ser yo misma. La fibromialgia está ahí, pero yo intentaré ganarle uno o dos pulsos siempre que pueda.

20

Brotes

La palabra en sí ya asusta, pero cuando sabes lo que representa, muchísimo más. Un brote es el aumento de la intensidad de los síntomas que ya tenemos a diario. Sabemos ya algunas de las causas que lo provocan, pero las más importantes para mí son el estrés y el sobresfuerzo. A lo largo de estos años he podido comprobarlo: los brotes de fibromialgia causados por el estrés y el sobresfuerzo son los que más duran en el tiempo y los más complicados de estabilizar.

¿Cómo evitarlos? No podemos, porque la vida nos pone ante circunstancias que no podemos controlar, que debemos vivirlas, aun sabiendo lo que nos espera después. En un brote agudo de fibromialgia la ansiedad se dispara y, con ella, los síntomas se intensifican, provocando episodios de insomnio. Dependiendo de la duración del brote, la fatiga mental y física nos lleva de la mano a la depresión. Salir de este círculo es complicado. Los días de un brote agudo se hacen eternos. Crees que no vas a salir de ahí y cuando los síntomas disminuyen, te has quedado sin energía, y ahora toca recuperarla, lo cual tampoco es fácil. Y a veces, cuando ya crees que has remontado, puede aparecer otro brote y dejarte otra vez en ese estado de inactividad. Buscamos consejos, soluciones, la forma de sobrellevarlos o también la forma de que no se desarrolle el brote.

Cada persona es distinta, depende de sus circunstancias y su genética, no todo vale para las mismas personas. Es importante darse cuenta de que es una misma quien debe descubrir lo que le alivia y lo que no. Brotes, brotes… Mis primeros brotes empezaron hace muchos años, ni siquiera sabía que eran provocados por la fibromialgia. En aquella época, podía estar bien una o dos semanas y, después, mal dos o tres. Y así durante mucho tiempo, hasta que un día los síntomas se intensificaron y se sumaron otros. Desde entonces, no tengo días buenos; hay días que, comparados con otros, los puedo llamar buenos, porque me permiten llevar mi rutina diaria.

«La fibromialgia no es progresiva», dicen los profesionales médicos. Puede que la enfermedad en sí no lo sea y que los síntomas no vayan más allá de la intensidad en la que los sentimos en los brotes. Pero el desgaste físico y emocional que supone vivir con una enfermedad crónica, que no tiene un tratamiento específico, cuyos síntomas no dan tregua para recuperarse y que, generalmente, va acompañada de otras enfermedades crónicas hace que con los años te sientas cada vez peor.

21

Apuntes

Estos son algunos de los apuntes que he escrito a lo largo de estos años. Todos ellos tienen un denominador común: el dolor, el cansancio, la impotencia, la desesperación, la tristeza y también la esperanza, la alegría y la motivación en determinados momentos. Pero, sobre todo, la realidad de muchas personas que padecemos fibromialgia y que nuestro día a día, nuestra vida en general no se parece en nada a la de una persona sana. Demasiadas perdidas a nivel personal, laboral y social, que nos mantienen alejadas de disfrutar de una vida normal como los demás. Demasiada incomprensión a nuestro alrededor, que nos cohíbe y deprime sin que podamos cambiarlo; sólo aceptarlo y procurar que nos afecte lo menos posible. Demasiado sufrimiento acumulado durante años por el desamparado a nivel médico en la mayoría de los casos, sin tener una salida, un apoyo moral, una respuesta que ayude a seguir.

Como todas, he vivido situaciones de esta índole en las que el dolor emocional más que el físico te destroza moralmente. Debido a mis enfermedades autoinmunes (lupus y Sjögren) fui perdiendo piezas dentales y era el momento de buscar una solución. Pedí cita en una clínica dental que me recomendaron. Llevé los informes médicos de mis enfermedades para evitar cualquier riesgo. Me hicieron radiografías, TAC y, según ellos, todo estaba bien para poder poner los implantes dentales.

Han sido cuatro años de dolor no sólo físico (desplazamiento de la articulación temporomandibular). También de dolor emocional al no ver salida ni solución a mi problema, hasta que tuve la suerte este año de dar con unos buenos profesionales (el médico de la articulación temporomandibular, la fisioterapeuta y la dentista), que han dado con el problema y con la solución. Gracias a ellos he recuperado la ilusión y las ganas de seguir adelante. No voy a entrar en detalles. Sólo decir que la salud de las personas no debería de ser un negocio, que hace falta mucha más humanidad y no tanto interés económico y soberbia.

Fortaleza. Es la que adquirimos a medida que vamos transitando por este mundo de la fibromialgia, aunque muchas veces esconda un halo de amargura que te va minando por dentro.

Coraje, el que nos hace falta para convivir con esta enfermedad, para no dejarnos doblegar por los síntomas, los brotes, la incomprensión y la injusticia. Suena bien cuando lo lees; lo difícil es vivirlo y hacerlo.

22

Escribir

¿Porque esa necesidad de plasmar lo que siento?

Escribir me da la posibilidad de sentir que estoy viva, que en lo confuso de este mundo hay realidades que se esconden detrás de prejuicios y miedos que nos vuelven invisibles a los demás. Escribir es contar tu verdad, la que tú vives desde lo más profundo de tu corazón. Es desnudar tu alma ante los demás y ser consciente de tu realidad.

Me gustaría que mis palabras, mis vivencias, mis sentimientos, sirvieran para crear conciencia. Deseo que algún día las personas no tuvieran que reclamar lo que necesitan, no tener que demostrar lo enfermas que están, ni sentirse perdidas y desamparadas ante el diagnóstico de la fibromialgia. En definitiva, escribir me ayuda a sacar la frustración e impotencia que generan las enfermedades invisibles, pero también, y lo más importante, la esperanza de poder ayudar con mi testimonio a las personas que viven circunstancias similares a la mía.

Gracias a todas las personas que creyeron y confiaron en mí. Gracias a la editorial por su apoyo incondicional. Gracias a los seguidores de mi Blog de Fibromialgia por su lealtad, y gracias **infinitas** a mis hijos y a mis nietos por estar en mi vida.

Índice